Cocina asiática

BLUME

Contenido

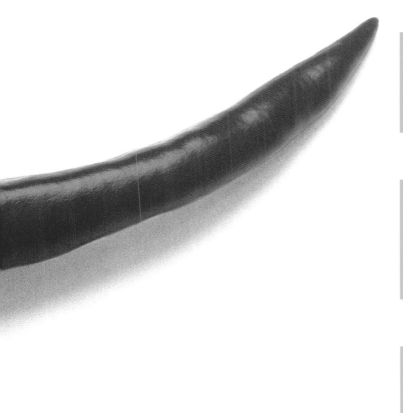

Variedad asiática
Los ingredientes típicos

La cocina asiática es tan variada e indescriptible como el número de pueblos y culturas de ese continente. Claro está que dentro de tanta diversidad hay un par de elementos básicos: la cocina asiática además de aromática es fresca y colorista, en ella se emplean muchas hierbas y especias y sus métodos de cocción más habituales son saltear, hervir al vapor y freír. Tras ella se esconde una tradición milenaria que para nosotros es de candente actualidad. ¿Por qué? ¿Se debe a que sus ingredientes concuerdan con los sugeridos por los especialistas en nutrición (mucha verdura y hortalizas acompañados por pescado magro y poca carne) No precisamente. El gran éxito de los rollitos de primavera, los currys y compañía se debe principalmente a su indescriptible buen sabor. Los delicados ingredientes aromatizan y vitaminan los platos cocinados en el wok, un utensilio cada vez más utilizado en Occidente. Saltear es rápido y los alimentos mantienen su aspecto atractivo, ya que al cocerse poco tiempo conservan su color. El secreto de su éxito estriba en la frescura de los ingredientes, que generalmente se encuentran en la verdulería de la esquina. El explosivo éxito de la cocina asiática continúa creciendo, por lo que muchos supermercados bien surtidos ofrecen actualmente una amplia variedad de hierbas exóticas, especias y otros ingredientes habituales en la gastronomía de Asia.

1

COCO (izquierda): el coco es un ingrediente que en la cocina asiática se emplea de muy diversas maneras. Su pulpa, mezclada con agua y otros ingredientes, sirve para elaborar la leche de coco que se suele encontrar enlatada en el supermercado. Su aroma delicado y su consistencia espesa suavizan los guisos picantes.

1 LIMA: no tiene pepitas, es muy jugosa y su pulpa muy aromática. De ella se emplean tanto el zumo como la piel.

2 La PASTA DE CURRY se utiliza sobre todo en Tailandia. Puede ser de color amarillo, verde y roja. Todas son muy picantes.

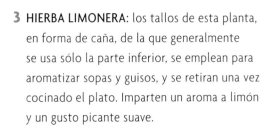

3 HIERBA LIMONERA: los tallos de esta planta, en forma de caña, de la que generalmente se usa sólo la parte inferior, se emplean para aromatizar sopas y guisos, y se retiran una vez cocinado el plato. Imparten un aroma a limón y un gusto picante suave.

4 La **PAPAYA** es frágil como la mantequilla, muy jugosa y desprende un aroma suave a albaricoque y melón. Una vez madura, su piel amarillea, se arruga y ablanda.

5 BROTES DE BAMBÚ: los brotes jóvenes de bambú se parecen a los espárragos. Deben cocerse para eliminar sus sustancias tóxicas y su amargor.

6 Las **VAINAS DE TAMARINDO** albergan unas semillas ligeramente ácidas que se usan para especiar diferentes preparaciones.

7 La **COL CHINA PAK-CHOI** tiene un aspecto y un uso parecido al de nuestras acelgas y un sabor agradable tanto cruda como rehogada.

7

El **JENGIBRE** presta su típico sabor, ya sea cortado en rodajas o picado, a numerosos platos del Lejano Oriente. El galanga es un rizoma de gusto menos intenso que pertenece a la familia del jengibre.

La **PASTA** asiática se elabora con harina de trigo, trigo sarraceno o alforfón y de varios tipos de cereales. Son curiosos los fideos de celofán, que se elaborar a partir de las judías de mungo, y la pasta de arroz que se hace a partir de harina de arroz.

El **AZÚCAR DE PALMA** se fabrica con los frutos de palmas especiales cuyo jugo se cuece y forma una masa espesa que luego se seca. Se utiliza ampliamente en Tailandia y puede sustituirse por azúcar moreno.

El **SAMBAL OELEK** es un puré de chiles rojos, sal y vinagre o aceite de tamarindo. Se usa tanto para guisar como en la composición de salsas frías para remojar.

El **ACEITE DE SÉSAMO** se elabora prensando granos de sésamo tostados. Su gusto a nuez realza muchos platos asiáticos.

La **SALSA DE SOJA** es un aditivo universal de la cocina asiática. Las más empleadas son la clara y la oscura procedentes de China o Japón.

Paso a paso
Las técnicas culinarias más importantes

En la elaboración de la cocina asiática no se necesita ningún utensilio especial, nuestras sartenes y cazuelas cumplen también su cometido. Quien guste y cocine regularmente platos asiáticos sólo necesitará un único utensilio típico, el wok, un instrumento chino que desde hace tiempo ha alcanzado el éxito en Europa y se ha convertido para muchos aficionados a la cocina en un complemento imprescindible. Su uso se aprende rápidamente si se observan ciertas reglas: es especialmente importante remover los ingredientes al cocerlos, pero aún más que todos estén limpios y cortados a trozos pequeños, y que se tengan preparadas las salsas y especias esenciales antes de empezar a guisar. La cocina al vapor es un método muy apreciado en China y Japón; en ella los ingredientes se cuecen lentamente en vapor de agua, de modo que se conservan las sustancias nutritivas y su aroma. El wok también es ideal para preparar frituras. Su gran ventaja estriba en que puesto que su base es más estrecha, se necesita relativamente poco aceite y los ingredientes se cuecen en muy poca grasa.

Cocer al vapor y saltear removiendo

1 Ponga el wok limpio sobre el fuego y luego una vaporera o cestillo de bambú en su interior.

1 Vierta el aceite en el wok caliente y vaya removiéndolo regularmente. Luego añada la cebolla, el ajo o los ingredientes del sofrito.

2 Cubra un tercio del wok con agua, tápelo con la tapadera y empiece a calentar el agua.

2 Añada las hortalizas cortadas de la manera más regular posible, agregando primero las que más tiempo tardan en cocerse; saltéelas sin dejar de remover.

3 Llene el cestillo con los ingredientes que va a cocer, tápelo todo y deje cocer al vapor.

3 Las hortalizas sólo deben permanecer unos momentos en la superficie del wok; agrupe en los bordes aquellas que ya estén cocidas.

Preparar rollitos de primavera frescos

1 Sumerja las láminas de papel de arroz en agua caliente y extiéndalas sobre un paño. Espere unos 2 minutos para que se ablanden.

2 Ponga sobre el tercio inferior de una hoja de lechuga no muy dura (para evitar que se rompa al enrollarla) el relleno escogido.

3 Enrolle el relleno en el papel de arroz, con los bordes doblados hacia dentro, y vaya añadiendo otros ingredientes sobre la pasta a medida que la enrolla.

4 Poco antes de que la pasta esté enrollada del todo añada al gusto trozos de cebolla y ajo tierno y acabe de enrollar.

Preparar chiles

1 Corte el chile por la mitad a lo largo hasta cerca del tallo y luego saque con cuidado las pepitas y las membranas.

2 Corte las mitades a tiras finas y luego sumérjalas en agua helada unos 20 minutos hasta que se abran como una flor.

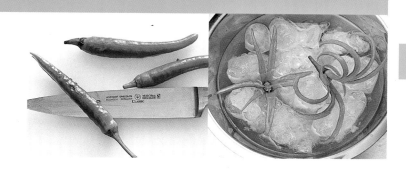

Preparar arroz para sushi

1 Ponga 80 g de arroz para sushi (japonés o de calasparra) en un colador y lávelo con agua fría hasta que el agua salga clara.

2 Hierva un momento el arroz con 110 ml de agua y luego déjelo cocer a fuego lento durante unos 15 minutos.

3 Déjelo reposar 10 minutos con el recipiente destapado. Mientras, caliente 2 pizcas de sal y de azúcar en una cucharada de vinagre de arroz.

4 Vierta el arroz en una fuente, rocíelo con la mezcla anterior y remuévalo con 2 palillos. Obtendrá 200 g de arroz para sushi.

Sopas y tentempiés

Sopa de pasta,
espinacas y gambas

La clave de la alegría: esta sopa picante no es sólo un
goce exquisito para el gusto, sino también para la vista.

Ingredientes

1 manojo de **cebolla** tierna

200 g de **hojas de**

espinacas frescas

sal

50 g de **pasta al huevo** china

60 g de **champiñones**

100 g de **gambas** preparadas

1 cucharada de **aceite**

1 cucharadita de **jengibre** picado

¾ de l de **caldo de verduras**

1 cucharada de **salsa de soja**

pimienta

Preparación
PARA 2 PERSONAS

1 Prepare y lave las cebollas tiernas. Separe la parte verde, corte
dos de ellas a lo largo y a tiras finas antes de sumergirlas durante
una hora en agua helada para que se abran como una flor. Corte
también a tiras finas de unos 5 cm el resto de las cebollas tiernas.

2 Prepare y lave las espinacas antes de escaldarlas en agua salada
hirviendo. Cuélelas y déjelas escurrir.

3 Hierva la pasta, siguiendo las instrucciones del paquete en agua
salada hirviendo hasta que esté *al dente*. Déjela escurrir.

4 Prepare los champiñones y córtelos a láminas muy finas. Lave
las gambas y séquelas suavemente con papel de cocina.

5 Caliente el aceite en un wok o cacerola y saltee removiendo
las tiras de cebolla tierna; añada también el jengibre y saltee el
conjunto unos instantes. Vierta el caldo y las setas y déjelo cocer
unos 4 minutos. Sazone al gusto con pimienta y salsa de soja.
Por último añada las gambas y caliéntelas.

6 Distribuya la pasta y las espinacas en dos cuencos, vierta la sopa
caliente por encima y decore con las «flores» de cebolla tierna.

12

Sopa de gambas
especiada

Una sopa tailandesa excelente: las hojas frescas de lima juegan
con el sabor picante de los chiles para realzar el de las gambas.

Ingredientes

600 g de **gambas** crudas sin pelar

100 g de **champiñones**

1 nuez de **jengibre**

4 rizomas de **galanga**

2 tallos de **hierba limonera**

3 hojas de **lima kaffir**

4 **chiles rojos** tailandeses

pequeños

2 cucharadas soperas de **aceite**

1/2 cucharadita de granos de

pimienta negra

2-3 cucharadas de **salsa**

de **pescado**

3 cucharadas de **zumo de lima**

sal

Preparación

PARA 4 PERSONAS

1 Lave las gambas, descabécelas y resérvelas. Corte el lomo con unas tijeras, extraiga la carne de la cola y, a continuación, el conducto intestinal con la punta de un cuchillo. Reserve la cáscara. Lave las gambas, séquelas suavemente con papel de cocina y déjelas enfriar.

2 Prepare los champiñones, corte el pie y déjelo separado; pele el jengibre y la galanga y córtelos después a rodajas finas. Prepare la hierba limonera, lávela y córtela a rodajas finas, lave también las hojas de lima y corte los chiles a lo largo, sáqueles las semillas y lávelos.

3 Caliente el aceite en un wok o una cacerola, sofría las cabezas de las gambas y los caparazones sin dejar de remover hasta que adquieran un color rojo. Añada los champiñones, la galanga, el jengibre, la hierba limonera, 2 hojas de lima y los chiles. Cubra con 1 l de agua, agregue los granos de pimienta y deje cocer unos 30 minutos.

4 Corte a tiras el sombrero de los champiñones. Separe el nervio central de la hoja de lima restante, enróllela y córtela a tiras finas al igual que los chiles.

5 Filtre el caldo de las gambas y vuelva a calentarlo. Añádale las tiras de los champiñones y deje que cueza 5 minutos más. Agregue las gambas al caldo y caliéntelas a fuego lento. Aderece la sopa con la salsa de pescado, el zumo de lima y la sal, y esparza por encima las hojas de lima y las tiras de chile. Sirva la sopa muy caliente y decórela al gusto con flores u hojitas de cilantro.

14

Sopa de brécoles
y setas shiitake

Preparación
PARA 2 PERSONAS

1 Prepare los brécoles, lávelos y córtelos en ramitos. Pele el tronco grueso y córtelo a dados pequeños. Lave los brotes de soja con agua caliente y déjelos escurrir. Limpie las setas y córtelas a rodajas finas. Pele el diente de ajo y píquelo.

2 Caliente el aceite en una cacerola y sofría los champiñones y el ajo sin dejar de removerlos durante unos 3 minutos. Añada los brécoles, el caldo de verduras y 100 ml de agua y déjelo cocer con el recipiente tapado y a fuego moderado unos 10 minutos o hasta que los brécoles estén *al dente*.

3 Añada los brotes de soja y sazone con salsa de soja, aceite de sésamo, sal y pimienta.

4 Lave el cilantro o el perejil y séquelo agitándolo, arranque las hojas y espárzalas sobre la sopa.

16

Ingredientes

250 g de **brécoles**

50 g de **brotes de soja**

100 g de **setas chinas shiitake**

1 **diente de ajo**

2 cucharadas de **aceite**

$^{1}/_{2}$ l de **caldo de verduras**

1-2 cucharadas de **salsa de soja** clara

1 cucharadita de **aceite de sésamo** · **sal**

pimienta

3 ramitos de **cilantro** o **perejil**

Ingredientes

160 g de filete de **salmón**

1 l de **caldo de verduras**

70 g de **fideos de trigo sarraceno**

1 cucharada de **copos de levadura**

1 cucharada de **salsa de soja** clara

sal · **pimienta de Cayena**

1 cucharada de **zumo de limón**

unos tallos de **ajo tierno**

Sopa de fideos
y salmón

Preparación
PARA 2 PERSONAS

1 Lave el filete de salmón y córtelo a lonchas finas. Hierva el caldo en una cacerola y vierta la pasta de trigo sarraceno.

2 Al cabo de 3 minutos agregue las lonchas de salmón y caliéntelas a fuego lento otros 3 minutos o hasta que la pasta esté *al dente.* Retire el recipiente del fuego, añada los copos de levadura y remuévalo todo.

3 Aderece la sopa con la salsa de soja, sal, pimienta de Cayena y zumo de limón. Sírvala caliente en platos hondos y decórela con el ajo. Si lo desea, puede añadir unas tiras de algas nori remojadas. Puede sustituir el salmón por gambas e, incluso, si alguien desea una sopa más picante, puede agregarle rodajas finas de chile.

Sopa de miso
con tofu

Puro deleite: la clásica sopa japonesa –aquí preparada con tofu
y tallarines– es el inicio ideal de todo menú asiático que se precie.

Ingredientes

Para el caldo dashi:

1 trozo de **alga kombu**

(unos 15 x 15 cm)

3 cucharadas soperas de

copos de bonito

Para los aditamentos:

2 cucharaditas de **wakame**

3 cucharadas de **pasta miso**

sal · pimienta · 100 g de tofu

2 **cebolletas**

200 g de **pasta de trigo** japonesa

1 **chile rojo**

100 g de **brotes de soja**

1 cucharada de **aceite**

1 cucharadita de **semillas**

de sésamo

2 cucharadas de **hojitas**

de cilantro

Preparación

1 Limpie el alga kombu con un paño de forma muy cuidadosa, nunca lo lave. Caliente 8 ml de agua en una cacerola, agregue el alga y déjela cocer a fuego moderado con el recipiente destapado. Retire el kombu tan pronto como el agua empiece a hervir. Vuelva a llevar el agua a ebullición.

2 Añada los copos de bonito y lleve nuevamente a ebullición. Espere 1 minuto, o hasta que los copos se hundan en el fondo de la cacerola, y luego tamice el caldo a través de un paño.

3 Remoje el alga wakame en agua fría. Caliente el caldo dashi u 800 ml de cualquier otro caldo claro. Añada la pasta miso y remueva hasta que se haya desleído por completo. Añada sal y pimienta.

4 Lave el tofu y séquelo con ligeros toques antes de cortarlo en dados, agréguelo a la sopa y deje que cueza 4-5 minutos a fuego lento. Prepare y lave las cebollas tiernas, trocéelas y añádalas a la sopa.

5 Deje que la pasta se cueza en agua caliente unos minutos y enfríela de inmediato con agua fría.

6 Corte los chiles por la mitad a lo largo y quíteles las semillas, lávelos y córtelos a tiras; enjuague los brotes de soja en un colador y añádalos junto con los chiles al wok o a la sartén con aceite caliente en la que se van a dorar junto con las semillas de sésamo. Reparta el alga wakame, la pasta y los brotes en cuatro platos hondos, vierta por encima la sopa caliente y decórela antes de servirla con las hojitas de cilantro.

Sopa de ave
con arroz y curry

Una **combinación** típica del Lejano Oriente: el pollo y el arroz
unidos en un caldo son muy **beneficiosos** para el estómago y el alma.

Ingredientes

1 filete de **pechuga de pollo**

(unos 250 g)

1 cucharadita de **salsa de soja**

clara

2 cucharadas de **zumo**

de manzana

600 ml de **caldo de ave**

50 g de **arroz basmati**

sal · pimienta · curry en polvo

Preparación

PARA 2 PERSONAS

1 Lave el filete de pechuga de pollo y séquelo con toques ligeros.
Corte la carne en dados. Mezcle el zumo de manzana con la salsa
de soja y la carne y déjelo reposar 30 minutos.

2 Caliente el caldo en una cacerola. Enjuague con agua fría el arroz
en un colador hasta que el agua salga clara. Añada el arroz al
caldo caliente y déjelo cocer a fuego lento unos 15 minutos.

3 Vierta los dados de pollo con su líquido al caldo y caliéntelo.
Deje cocer la carne a fuego lento y añada agua si es necesario.

4 Sazone la sopa con sal, pimienta y curry; viértala en cuencos
o platos hondos y decórela al gusto con cilantro.

Si añade dados de hortalizas de
diferentes colores convertirá esta sopa
en un potaje ligero. Si desea conferirle
un punto de picante, puede especiarla
con un poco de raiforte o wasabi.

Rollitos de primavera
con salsa agridulce

Un relleno y una envoltura deliciosos: los apreciados paquetitos de pasta
no se fríen en aceite pues quedan más tiernos si se cuecen al vapor.

Ingredientes

Para la salsa:

2 tomates · 2 dientes de ajo

150 ml de caldo de carne

1 cucharada de salsa de soja clara

4 cucharadas de azúcar

2 cucharadas de vinagre claro

sal · pimienta

Para los rollos de primavera:

3 cucharadas de setas chinas secas

12-16 láminas de pasta para

rollos de primavera (congelada)

150 g de solomillo de cerdo

1 cucharada de harina · 1 zanahoria

100 g de brotes de bambú

(enlatados)

2 ramitas de albahaca y menta

3 cucharadas de aceite, 3 de salsa

de soja, 3 de caldo de verdura

1 cucharadita de maicena

1 manojo de cebollinos

Preparación
PARA 4 PERSONAS

1 Para la salsa agridulce, escalde los tomates, pélelos, córtelos por la mitad, quíteles las semillas y trocee la pulpa en dados pequeños. Pele los ajos y píquelos finamente. Póngalos en un cazo con el caldo y la salsa de soja, el azúcar y el vinagre. Sazone con sal y pimienta y deje que cueza todo unos 8 minutos a fuego lento, enfríe a continuación la mezcla.

2 Para el relleno de los rollitos, remoje las setas chinas en agua tibia durante unas 2 horas, déjelas secar y córtelas a tiras finas.

3 Saque del congelador las láminas de pasta para que se descongelen. Corte el solomillo de cerdo en lonchas de aproximadamente 1 cm de grosor y enharínelas por ambos lados. Prepare y pele la zanahoria, deje secar los brotes de bambú y córtelos luego a tiras finas. Lave las ramitas de albahaca y menta, arranque las hojitas y píquelas groseramente.

4 Caliente 2 cucharadas de aceite en una cacerola y dore la albahaca y el bambú, moje el conjunto con la salsa de soja y rehóguelo todo 3 minutos. Dore la carne en el aceite restante y desglósela con el caldo. Mezcle las hierbas y la verdura con la maicena. Distribuya la mezcla sobre la pasta, doble los extremos hacia dentro, enrolle los rollitos y átelos con los tallos de los cebollinos.

5 Ponga los rollitos en un cestillo para cocer al vapor, que colocará en el wok o en una cacerola con un poco de agua. Déjelos cocer al vapor durante 8 minutos. Sirva los rollitos calientes acompañados con la salsa agridulce fría.

Rollitos de arroz
rellenos de verduras

Preparación

1 Remoje el papel de arroz entre unos paños de cocina húmedos. Prepare las zanahorias, pélelas y córtelas a continuación a tiras finas. Deshoje la lechuga, lave las hojas y déjelas secar. Corte el pimiento por la mitad en sentido longitudinal, quítele las semillas, lávelo y córtelo a finas tiras.

2 Bata en un cuenco pequeño el vinagre, el aceite, la sal y la pimienta.

3 Ponga encima de cada lámina de papel de arroz 1 o 2 hojas de lechuga, y sobre éstas unas tiras de zanahoria y pimiento y rocíe el conjunto con la mezcla anterior. Doble los extremos hacia dentro de los márgenes y enrolle las láminas con cuidado. Corte cada uno de estos rollos en diagonal y póngalos de pie sobre su parte plana al borde del plato.

4 Lave y seque los ajos tiernos; introduzca en los rollitos.

24

Ingredientes

4 láminas de **papel de arroz**

2 **zanahorias**

1 **lechuga** pequeña

1 **pimiento rojo**

1 cucharada de **vinagre de vino blanco**

3 cucharadas de **aceite**

sal · **pimienta**

1 manojo de **ajos tiernos**

Ingredientes

1 l de **aceite** para freír

100 g de **chips de gambas (krupuk)** pequeños

Para la salsa:

1 cucharada de **puré de tamarindo**

¼ de cucharadita de **pasta de gambas**

3 **manzanas** · 1 **mango** maduro

1 **naranja** · ½ **piña** fresca

1 **pepino** pequeño

4 **cebollas** tiernas

1 cucharadita de **sambal oelek**

3 cucharadas de **salsa de soja** dulce

100 g de **azúcar de palma** o **moreno**

Chips de gambas
con salsa agridulce para mojar

Preparación
PARA 4 PERSONAS

1 Caliente el aceite en una freidora hasta que burbujee cuando introduzca un palillo de madera. Fría los chips de gambas sólo un momento, para que queden hinchados y dorados, pero no oscuros. Póngalos sobre papel de cocina y deje que se escurran.

2 Deslíe el puré de tamarindo y la pasta de gambas en 150 ml de agua caliente. Pele el mango y las manzanas, quíteles las semillas y córtelos a trozos pequeños. Pele la naranja, córtela a rodajas y luego a trozos. Pele la piña, quítele el corazón y corte la pulpa a trozos pequeños. Lave el pepino, pártalo por la mitad a lo largo, quítele las semillas y córtelo a dados. Corte las cebollas en anillos.

3 Tamice la mezcla de tamarindo, recoja en un cuenco el líquido y mézclelo con el sambal oelek, la salsa de soja y el azúcar de palma. Mezcle los trocitos de fruta y verdura con la salsa y utilícela para remojar los chips de gambas.

Wonton frito
con bolitas de arroz

Un dúo de sorpresas: los paquetitos de pasta esconden
carne de pollo y maíz, y las albondiguillas un picadillo especiado.

Ingredientes

Para las bolitas de arroz:

125 g de **arroz de grano redondo**

1 **cebolla** · 2 **dientes de ajo**

1 **zanahoria**

80 g de **champiñones**

2 cucharadas de **aceite**

400 g de **ternera picada**

1 cucharada de **salsa de soja**, 2 de
aceite de sésamo, 1 de **semillas
de sésamo**

1 **clara de huevo** · **sal** · **pimienta**

1/2 cucharada de **curry en polvo**

Para el wonton:

2 cucharadas de **vinagre de arroz**,
1 de **miel**, 3 de **salsa de soja**

1/2 cucharadita de **canela molida**

2 **dientes de ajo** · **sal** · **pimienta**

400 g de **pechuga de pollo**

100 g de **maíz**

1 **cebolla tierna**

12 láminas de **pasta para wonton**

1 **yema de huevo**

1 l de **aceite** para freír

Preparación

1 Para las bolitas, ponga el arroz en una cacerola, cúbralo con el 1/2 l de agua y déjelo cocer unos 25 minutos a fuego lento, o hasta que haya absorbido toda el agua. Extiéndalo sobre una fuente y déjelo enfriar.

2 Pele la cebolla, los ajos y la zanahoria, limpie los champiñones y córtelo todo a dados pequeños. Sofría brevemente las hortalizas en el aceite caliente y luego déjelas enfriar. Para el relleno, mezcle la carne picada, la salsa de soja, el aceite de sésamo, las semillas de sésamo y la clara de huevo; sazónelo todo con el curry, la sal y la pimienta. Humedézcase las manos y forme con el relleno unas bolitas que rebozará en el arroz. Tápelas y déjelas reposar.

3 Para el wonton, mezcle a fondo el vinagre, la miel, la salsa de soja y la canela. Pele el ajo, píquelo, añádalo a la mezcla anterior y añada sal y pimienta. Lave los filetes de pollo, séquelos y córtelos dados pequeños. Déjelos reposar en la mezcla anterior unos 30 minutos.

4 Prepare la cebolla tierna, lávela y córtela muy fina. Agréguela con el maíz escurrido a la mezcla de carne. Ponga en el centro de cada lámina de wonton una cucharada de relleno, pincele los bordes de la pasta con la yema de huevo batida y doble sus esquinas hacia el centro. Presione sobre los bordes para sellarlos.

5 Vierta unos 2 cm de agua en una cacerola grande, ponga las bolitas de arroz en un cestillo para cocer al vapor, tápelas y déjelas cocer unos 15 minutos.

6 Dore los wonton en aceite caliente, sáquelos y déjelos escurrir sobre papel de cocina.

Sushi temaki
de hortalizas

Simplemente irresistibles: unos sushis refinados gracias a las apetitosas hortalizas y al wasabi picante.

Ingredientes

250 g de **arroz para sushi**

2 ½ cucharadas de **vinagre de arroz**

1 cucharadita de **azúcar**

sal

2 **huevos**

1 cucharadita de **mantequilla**

1 **pepino**

unas hojas de **endibias**

1 **rábano**

10 láminas de **algas nori**

2 cucharaditas de **wasabi** (raiforte picante japonés)

100 ml de **salsa de soja**

Preparación

1 Lave el arroz en un colador hasta que el agua salga clara. Póngalo a cocer cuando el agua hierva en una cacerola con 360 ml de agua, tápela y déjelo cocer a fuego lento durante unos 15 minutos. Apague el fuego y deje que arroz repose en el recipiente destapado 10 minutos. Mientras, caliente el azúcar, la sal y el vinagre de arroz. Extienda el arroz sobre una fuente, rocíelo con la mezcla anterior y remuévalo con unos palillos.

2 Bata los huevos con un poco de sal y haga una tortilla fina en una sartén con mantequilla derretida, luego córtela a tiras finas.

3 Lave el pepino y el rábano, pélelos y córtelos a lo largo en tiras finas. Separe las hojas de endibia, lávelas y séquelas. Corte las láminas de alga nori en 4 trozos de igual tamaño.

4 Cubra las láminas de alga nori con un poco de arroz, las tiras de tortilla, el pepino y el rábano; extienda por encima un poco de wasabi y luego enrolle las hojas para formar una especie de cucurucho. Sirva los sushis decorados al gusto y acompáñelos con la salsa de soja.

Los sushis pueden rellenarse al gusto o según lo que tenga en la nevera. También puede rellenarlos con pescado ahumado, crudo o cocido (atún o salmón), langostinos hervidos o cualquier tipo de hortalizas.

Nigiri
de mejillones

Preparación

1 Escurra los mejillones y enjuáguelos con agua.

2 Lave el perejil y séquelo. Arranque y guarde
10 hojas para la decoración. Pique el resto
finamente.

3 Forme con las manos húmedas 10 bolas de tamaño similar
con el arroz para sushi ya preparado y aplánelas un poco
en su base.

4 Presione con cuidado la base de las bolitas de arroz sobre
el perejil picado.

5 Ponga un poco de wasabi sobre cada bola y adórnela
con una hoja de perejil y un mejillón presionándolos
ligeramente.

6 Sirva los sushis sobre una fuente de bambú y
acompáñelos con salsa de soja.

30

Ingredientes

10 **mejillones** grandes (enlatados)

4 ramitas de **perejil**

200 g de **arroz para sushi** (*véase* pág. 28)

2 gotas de **wasabi** (raiforte picante japonés)

Ingredientes

1 **aguacate** maduro

1 cucharada de **zumo de limón**

50 g de **kani** (carne de cangrejo enlatada)

1 **zanahoria**

sal

1 lámina de **alga nori**

200 g de **arroz para sushi** preparado

(*véase* pág. 28)

1 cucharadita de **wasabi**

(raiforte picante japonés)

2 cucharadas de **mayonesa**

4 cucharadas de **huevas de salmón**

Rollitos de California
con carne de cangrejo

Preparación
PARA 12 ROLLOS

1 Pele el aguacate, deshuéselo, córtelo a lonchas y rocíelas con zumo de limón. Corte la carne de cangrejo en tiras de 10,5 cm de grosor.

2 Prepare la zanahoria, pélela y córtela también a tiritas de 10,5 cm de grosor. Blanquéelas en agua hirviendo salada.

3 Coloque el alga nori sobre una esterilla de bambú. Cubra aproximadamente la mitad con la mitad del arroz y presione bien. Ponga encima una película de plástico y los ingredientes del rollo. Luego déle la vuelta para que la película de plástico y el relleno queden debajo y la lámina de alga arriba.

4 Unte la lámina de alga nori con un poco de wasabi y ponga encima el aguacate, la zanahoria y la carne de cangrejo, y úntelo con mahonesa. Enróllelo todo con la ayuda de la película de plástico y la esterilla de soporte. Divida cada rollo en 6 piezas de tamaño similar y adórnelas con las huevas de pescado.

Broqueta de saté
con salsa de cacahuete

Tentempiés asiáticos: esta broqueta de saté al estilo
tailandés puede servirse como entrada o como plato principal.

Ingredientes

2 pechugas de pollo fileteadas

4 dientes de ajo

2 tallos de hierba limonera

1 nuez de jengibre

100 ml de salsa de soja clara

la piel rallada de un limón

2 cucharadas de zumo de manzana

10 semillas de cilantro

1 anís estrellado

1 cucharada de mantequilla

10 granos de pimienta negra

2 cucharadas de mantequilla

de cacahuete

1 cucharada de vinagre de vino

1 pizca de pimentón dulce

2 cucharadas de crema de leche

sal · pimienta

Preparación
PARA 4 PERSONAS

1 Lave los filetes de pollo, séquelos, pélelos y retire membranas
y tendones.

2 Pele el ajo, píquelo finamente y póngalo en una fuente con
el pollo. Pele la hierba limonera y el jengibre y córtelos a rodajas.

3 Mezcle la salsa de soja, la piel de limón, el jengibre, el zumo
de manzana, el cilantro y el anís estrellado y unte la carne
con esta mezcla. Déjela adobar 4 horas; remuévala de vez en
cuando.

4 Precaliente el horno a 80 °C. Inserte en la broqueta de forma
alterna la carne, la hierba limonera y el jengibre. Derrita
la mantequilla en una sartén, añada los granos de pimienta
y dore las broquetas dándoles la vuelta. Sáquelas de la sartén y
resérvelas calientes en el horno.

5 Incorpore la mantequilla de cacahuete a la sartén donde doró
las broquetas, añada 200 ml de agua y mézclelo todo con el
adobo. Añada el vinagre, el pimentón y la crema de leche y sazone
con sal y pimienta. Mezcle las broquetas calientes con esta salsa.

Las broquetas pueden macerarse
durante la noche y luego reservarse
un día en la nevera para realzar
el aroma de las especias.

Pasta y arroz

Fideos de arroz
con setas y rape

Si le apetece pescado, los filetes de rape combinados con fideos
de arroz se convierten en un plato muy conveniente para *gourmets*.

Ingredientes

2 dientes de **ajo**

1 nuez de **jengibre**

1 **chile** rojo

150 g de **champiñones**

1 manojo de **cebollas** tiernas

250 g de **fideos de arroz**

sal

2 cucharadas de **almendras**

fileteadas

500 g de **filete de rape**

3 cucharadas de **aceite**

2 cucharadas de **aceite**

de sésamo

2 cucharadas de **salsa de soja**

2 cl de **jerez seco**

2 cucharadas de **hojas de cilantro**

Preparación
PARA 4 PERSONAS

1 Pele y pique finamente los ajos y el jengibre. Corte el chile a lo largo, quítele las semillas, lávelo y córtelo a tiras. Corte el pie de los champiñones, limpie el sombrero y córtelo a rodajas. Prepare las cebollas tiernas, lávelas y córtelas en diagonal en trozos de unos 2 cm de largo. Cueza los fideos de arroz en agua hirviendo salada siguiendo las instrucciones del paquete hasta que estén *al dente*, páselos por agua fría y deje que se escurran.

2 Dore o tueste las almendras fileteadas en el wok o en una sartén sin grasa y resérvelas. Lave el pescado, séquelo y corte 8 medallones. Caliente 2 cucharadas de aceite en el wok o la sartén y fría los medallones 1 minuto por cada cara. Resérvelos.

3 Caliente el aceite restante y saltee el ajo, el jengibre, el chile, las setas y las cebollas tiernas sin dejar de remover unos 2 minutos. Añada la pasta, las almendras fileteadas, el aceite de sésamo, la salsa de soja, el jerez y los medallones de pescado y prosiga la cocción unos minutos más. Rectifique la condimentación y espolvoree por encima unas hojas de cilantro.

A falta de los filetes de rape, éstos pueden sustituirse por cualquier otro pescado de carne consistente para que no se rompa al saltearse. Puede utilizar filetes de mero, en vez de rape.

Tallarines de arroz
con puerro y cacahuetes

La pasta es en Oriente un amuleto de la suerte, por lo que no es
de extrañar que aparezca tan a menudo en las recetas cocinadas con wok.

Ingredientes

125 g de **tallarines de pasta de**

arroz · sal

200 g de **zanahorias**

300 g de **puerro**

1 **diente de ajo**

1 nuez de **jengibre**

3 cucharadas de **aceite**

2 cucharadas de **cacahuetes**

tostados y salados

pimienta

Preparación
PARA 4 PERSONAS

1 Cueza los tallarines de arroz en agua hirviendo salada siguiendo
las instrucciones del paquete hasta que estén *al dente*. Páselos
por agua fría y déjelos escurrir.

2 Prepare y pele las zanahorias y el puerro, y córtelos a tiras largas
y finas. Pele los ajos y el jengibre y píquelos finamente.

3 Caliente el aceite en el wok o la sartén y sofría el jengibre y el
ajo, añada las tiras de zanahoria y de puerro y saltéelas sin dejar
de remover.

4 Incorpore la pasta y los cacahuetes al wok o la sartén y saltee
el conjunto durante 2 minutos sin dejar de remover. Por último,
sazone con sal y pimienta al gusto.

38

**Los fideos de hortalizas resultan
visualmente decorativos y muy
fáciles de preparar. Para ello, corte
las zanahorias y el puerro a tiras largas
y finas.**

Fideos de arroz
con cangrejo

Preparación
PARA 4 PERSONAS

1 Rompa los fideos y cuézalos en agua hirviendo salada siguiendo las instrucciones del paquete hasta que estén *al dente*. Enjuáguelos con agua fría y déjelos escurrir.

2 Lave el pepino, córtelo a lo largo y luego a tiras del tamaño de un dedo. Lave las carambolas y córtelas a rodajas. Corte los chiles por la mitad a lo largo, quíteles las semillas, lávelos y córtelos en dados pequeños. Desmenuce la carne de cangrejo en trozos que quepan en la boca.

3 Tueste el sésamo en el wok o la sartén sin grasa y resérvelo. Caliente el aceite en el wok o la sartén y saltee el chile y las tiras de pepino sin dejar de remover. Añada las rodajas de carambola y prosiga la cocción a fuego lento.

4 Añada el zumo de las limas, la carne de cangrejo y la pasta, mézclelo todo bien y caliente el conjunto. Sálelo y decórelo con el sésamo tostado esparcido por encima y medias rodajas de lima antes de servir.

40

Ingredientes

200 g de **fideos de arroz finos**

sal

1 **pepinillo** en vinagre pequeño

(o de ensalada)

2 **carambolas**

2 **chiles rojos**

300 g de **carne de cangrejo** (enlatada)

2 cucharadas de **semillas de sésamo**

6 cucharadas de **aceite**

el zumo de 2 **limas**

Ingredientes

200 g de **fideos de trigo** chinos · **sal**

100 g de **setas chinas shiitake**

3 cucharadas de **aceite**

4 **cebollas** tiernas · 1 **zanahoria**

hojas de espinaca · **brotes de soja**

150 g de **pechuga de pavo** ahumada.

Para el adobo:

1 cucharadita de **salsa de soja**

3 cucharadas de **jerez seco** · **pimienta**

1 cucharada de **raiforte** rallado

1 cucharada de **aceite de semillas**, 1 de

cilantro picado, 2 de **anacardos** picados

Ensalada de pasta
y pavo

Preparación
PARA 4 PERSONAS

1 Cueza la pasta en agua salada hirviendo unos 5 minutos. Escúrrala en un colador, enjuáguela con agua fría y escúrrala de nuevo.

2 Limpie las setas, cuartéelas y saltéelas unos minutos en aceite caliente.

3 Prepare y lave las cebollas tiernas, pele la zanahoria y lave a fondo las hojas de espinaca. Corte las cebollas tiernas en rodajas finas diagonales, la zanahoria a tiras finas y pique groseramente las hojas de espinaca. Mézclelo todo con los brotes y la pasta. Corte la pechuga de pavo a lonchas muy finas.

4 Bata todos los ingredientes del adobo y rocíe con ello la ensalada. Remueva ligeramente y déjela reposar unos 5 minutos. Sirva la ensalada acompañada de la pechuga de pavo y esparza por encima los anacardos y el cilantro.

Fideos al huevo
con ragú de pescado

Una **combinación** excelente: la pasta de huevo china y el pescado quedan amalgamados en una salsa de coco a la vez **picante y suave**.

Ingredientes

150 g de **fideos de huevo** chinos

sal

400 g de **filetes de pescado** (por ejemplo, rodaballo, gallo o rape)

120 g de **setas chinas shiitake**

1 **chile rojo**

1 cucharada de **aceite**

2 cucharadas de **pasta de curry**

½ l de **fumet de pescado** (enlatado)

400 ml de **leche de coco** sin endulzar

1 cucharadita de **maicena**

2 cucharadas de **salsa de pescado**

el zumo de un **limón** y unas hojas de **cilantro**

Preparación
PARA 4 PERSONAS

1 Cueza la pasta en agua salada hirviendo siguiendo las instrucciones del paquete hasta que esté *al dente*. Escúrrala en un colador, pásela por agua fría y déjela escurrir de nuevo.

2 Lave los filetes de pescado, séquelos y córtelos en trozos que quepan en la boca. Lave las setas chinas y córtelas a rodajas. Prepare y lave el chile y córtelo en anillos finos.

3 Caliente el aceite en el wok o la sartén y saltee las setas. Deslíe la pasta de curry en un poco de fumet de pescado, agréguele luego el resto junto con la leche de coco y vierta la mezcla sobre las setas. Reduzca el fuego, añada el pescado y déjelo cocer a fuego lento 2-3 minutos. Deslíe la maicena con un poco de agua, agréguela al pescado y mézclelo bien. Sazone con la sal, la salsa de pescado y el zumo de limón, luego añada la pasta y caliente el conjunto.

4 Vierta el ragú de pescado en una fuente precalentada y sírvalo decorado con los anillos de chile y las hojas de cilantro.

Hay diferentes tipos de pasta de curry. La más picante es la de curry rojo, cuyo ingrediente más importante es el chile rojo. La verde lleva chiles de este color y la amarilla cúrcuma.

Fideos chinos
con ternera

Los platos de pasta son en China mucho más antiguos que en Italia:
aquí presentamos una variante con hortalizas crujientes y ternera especiada.

Ingredientes

200 g de fideos de huevo chinos

sal

300 g de filete o cadera de

ternera

1 chile rojo

3 dientes de ajo

3 hojas grandes de acelga

4 cucharadas de aceite

1 cucharadita de semillas

de mostaza

½ l de caldo de verduras

3 cucharadas de salsa de soja

pimienta

Preparación
PARA 4 PERSONAS

1 Cueza la pasta en agua salada hirviendo según las instrucciones del paquete hasta que esté *al dente*; escúrrala, enjuáguela con agua fría y déjela escurrir de nuevo.

2 Corte la carne en lonchas finas de un tamaño que quepan en la boca. Corte el chile por la mitad, sáquele las semillas, lávelo y córtelo en dados pequeños. Pele el ajo y córtelo a rodajas. Prepare y lave las acelgas, separe el tallo blanco y córtelo en trozos de unos 2 cm de ancho; corte las hojas a tiras.

3 Caliente el aceite en el wok o la sartén y sofría los granos de mostaza, el ajo y el chile. Añada los tallos blancos de acelga y la carne y cueza a fuego lento, sin dejar que la mezcla se dore. Vierta el caldo de verdura y la salsa de soja y deje cocer 3 minutos a fuego lento con el recipiente tapado; agregue las hojas de acelga y deje que cueza otros 7 minutos más con el recipiente tapado. Sazone con sal y pimienta, añada la pasta y caliente el conjunto.

En vez de acelgas puede utilizar
otras verduras como brécoles, pimiento
o col rizada. Si añade unos anacardos
ligeramente tostados o cacahuetes
conferirá al plato un valor añadido.

Broquetas de hortalizas
sobre fideos de celofán

Preparación
PARA 4 PERSONAS

1 Prepare y lave las hortalizas. Córtelas, al igual que el tofu, a dados grandes e insértelas alternadas en las broquetas de madera. Reserve los champiñones.

2 Mezcle la harina con un poco de sal y enharine las broquetas.

3 Para la pasta para freír, mezcle la maicena, la levadura, la pasta tandoori y 80 ml de agua. Bata las claras de huevo hasta que estén a punto de nieve.

4 Caliente el aceite en el wok o la freidora a 180 °C. Fría las broquetas de verduras unos 3 minutos por cara. Trocee los fideos de celofán y fríalos de 1 a 2 minutos.

5 Para la salsa fría, corte el chile por la mitad a lo largo, quítele las semillas, lávelo y córtelo a rodajas. Prepare y lave las cebollas y córtelas en anillos. Mezcle el chile y las cebollas con el vinagre de arroz o manzana. Ponga las broquetas de verdura sobre los fideos fritos y acompáñelas con la salsa.

Ingredientes

2 manojos de **cebollas** tiernas

1 **pimiento rojo**, 1 **amarillo**, 1 **verde**

1 **berenjena** · 1 **col china** pequeña

100 g de **champiñones** pequeños

100 g de **tofu** · 100 g de **harina** · **sal**

Para la pasta:

75 g de **maicena**

1 cucharadita de **levadura en polvo**

½ cucharadita de **pasta tandoori**

2 **claras de huevo** · 1 l de **aceite** para freír

250 g de **fideos de celofán**

Para la salsa:

1 **chile** · ½ **cebolla**

50 ml de **vinagre de arroz**.

Ingredientes

1 **pechuga de pollo** (unos 200 g)

2 **huevos** · 100 g de **gambas** peladas

50 g de **hojas de espinaca** (congeladas)

80 g de **arroz de grano redondo** hervido

1 cucharada de **leche de coco**

no edulcorada

la piel rallada de ½ **limón**

½ **chile** pequeño picado

sal · **pimienta**

80 g de **fideos de arroz**

un poco de **harina**

1 l de **aceite** para freír

Albóndigas de pollo
rebozadas con fideos de arroz

Preparación
PARA 4 PERSONAS

1 Pique la pechuga de pollo muy fina y mézclela con un huevo. Pique groseramente las gambas y las espinacas descongeladas y mézclelas a fondo con el arroz y el relleno de pollo.

2 Añádales la leche de coco, la piel del limón y el chile, y sazone con sal y pimienta.

3 Bata el otro huevo. Rompa los fideos de arroz y resérvelos.

4 Con las manos húmedas, forme pequeñas bolas de relleno de ave, del tamaño de una nuez, enharínelas, páselas por el huevo batido y, por último, por los fideos. Presione bien este rebozado.

5 Caliente el aceite en el wok o en la freidora a 180 °C, fría las albóndigas de 3 a 4 minutos. Puede acompañarlas con un chutney de piña especiado.

Arroz basmati
especiado

Exclusivo para tiempos récord: el aromático arroz basmati
mezclado con especias y pasas forma un equipo culinario de ensueño.

Ingredientes

20 g de **pasas**

120 g de **arroz basmati**

sal · pimienta

1 vaina de **cardamomo**

1 **clavo**

1 pizca de **azafrán**

otra de **canela en polvo**

1 **lima**

20 g de **almendras fileteadas**

Preparación
PARA 2 PERSONAS

1 Remoje las pasas en agua tibia. Ponga el arroz en un colador, enjuáguelo bajo el chorro de agua fría hasta que el agua salga clara.

2 Hierva en una cacerola ½ l de agua, la sal y la pimienta, el cardamomo, el clavo, el azafrán y la canela; añada el arroz lavado y déjelo cocer con el recipiente tapado 10 minutos. Apague el fuego y déjelo reposar.

3 Lave la lima, séquela y córtela por la mitad, haga rodajas finas con una de las mitades. Dore las almendras en una sartén sin grasa y añada el arroz, las pasas escurridas y el zumo de la otra mitad de la lima. Decore el plato con las rodajas restantes de la lima.

Los amantes del arroz comen este plato solo, pero también puede servirse con un curry de ave, leche de coco, cordero asado o incluso con diferentes hortalizas.

Arroz al azafrán
con hortalizas

Una representación culinaria con tres protagonistas principales: especias exóticas, verdura y arroz basmati, que se unen para formar un plato irresistible.

Ingredientes

2 cucharadas de **anacardos**

1 trozo de **canela en rama**

6 vainas de **cardamomo** verde

4 **clavos**

2 **hojas de laurel**

300 g de **zanahorias**

250 g de **col rizada** (o puerro)

1 sobre de **azafrán en polvo** (0,2 g)

2 cucharadas de **aceite**

250 g de **arroz basmati**

150 g de **guisantes** (congelados)

600 ml de **caldo de verduras**

sal

300 g de **hojas de espinaca** fresca

pimienta

Preparación
PARA 4 PERSONAS

1 Pique los anacardos. Tueste las especias y, a continuación, los anacardos en una sartén sin grasa hasta que desprendan aroma y déjelos enfriar.

2 Prepare las zanahorias, pélelas y córtelas en dados pequeños. Lave la col rizada o el puerro; córtelos a rodajas o tiras. Mezcle el azafrán con 2 cucharadas de agua caliente.

3 Caliente el aceite en un wok o una sartén grande. Agregue el arroz, las zanahorias y la col rizada o el puerro y saltéelos rápidamente sin dejar de remover. Añada los anacardos, las especias y los guisantes, así como el azafrán. Vierta el caldo de verduras y sale. Deje cocer a fuego lento con el recipiente tapado durante 15 minutos.

4 Entretanto lave las espinacas y deje que se escurran bien. Mézclelas con el arroz y prosiga la cocción otros 5 minutos o hasta que el arroz esté cocido. Rectifique la condimentación con sal y pimienta.

Puede variar las hortalizas según la temporada; con este arroz al azafrán son compatibles el brécol, las acelgas y el pimiento. Los cacahuetes son una alternativa a los anacardos.

Arroz exótico
con gambas

Preparación
PARA 4 PERSONAS

1 Prepare y lave las cebollas tiernas y trocéelas en sentido diagonal. Corte la carne del mango a dados.

2 Prepare y lave la hierba limonera, pele un diente de ajo y píquelos finamente. Caliente el aceite en un wok o una sartén grande y sofría el ajo y la hierba limonera.

3 Añada al wok el mango y las cebollas tiernas, aderece con el comino, la canela, la pimienta de Cayena y el curry, y saltee unos minutos, sin dejar de remover. Vierta el jerez y déjelo cocer unos instantes.

4 Agregue el arroz, los brotes de soja lavados y las gambas; saltee la preparación unos minutos y espolvoréela con hojitas de cilantro.

52

Ingredientes

1 manojo de **cebollas** tiernas

100 g de **carne de mango**

2 tallos de **hierba limonera**

1 **diente de ajo** · 2 cucharadas de **aceite**

1 pizca de **comino** · otra de **canela en polvo**

otra de **pimienta de Cayena**

1 cucharadita de **curry en polvo**

4 cl de **jerez seco**

400 g de **arroz basmati** hervido

50 g de **brotes de soja**

200 g de **gambas** peladas

2 cucharadas de **hojitas de cilantro**

Ingredientes

2 filetes de **pechuga de pato**

sal · pimienta

2 cucharadas de **aceite**

1 tallo de **puerro**

2 **zanahorias**

½ **piña**

1 **chile rojo**

1 cucharada de **jengibre** rallado

400 g de **arroz de grano largo**

2 cucharadas de **salsa de soja**

2 cl de **jerez seco**

5 cucharadas de **caldo de ave**

Arroz asiático
con pato

Preparación
PARA 4 PERSONAS

1 Precaliente el horno a 180 °C. Lave los filetes de pato, séquelos y añada sal y pimienta. Dórelos en el aceite a fuego vivo por el lado de la piel de 3 a 4 minutos, déles la vuelta y cuézalos de 4 a 5 minutos más. Hornéelos con la piel hacia arriba unos 10 minutos.

2 Prepare, lave y corte el puerro en anillos finos, pele las zanahorias y la piña. Corte las zanahorias a tiras finas y la piña en trozos pequeños. Corte el chile por la mitad a lo largo, quítele las semillas, lávelo y córtelo a tiras.

3 Saltee en la grasa anterior el puerro, las zanahorias y la piña. Mézclelos con el chile, el jengibre y el arroz. Aderece con la salsa de soja, el jerez y el caldo y vierta el conjunto sobre el arroz. Corte las pechugas de pato a lonchas finas y mézclelas con el arroz.

Nasi goreng
con huevo frito

Un clásico de la cocina asiática: en la preparación de este plato
no hay límites, sólo cuenta el sabor.

Ingredientes

300 g de **arroz de grano largo**

sal

1 manojo de **cebollas** tiernas

350 g de **solomillo de cerdo**

4 **escalonias**

2 **dientes de ajo**

6 cucharadas de **aceite**

4 **huevos**

pimienta

2 cucharadas de **ketjap benteng**

(salsa dulce indonesia)

1 cucharadita de **sambal oelek**

(pasta de chile)

1 pizca de **galanga** molida

Preparación

1 Ponga el arroz en un colador, páselo bajo el chorro de agua fría y déjelo escurrir. Cúbralo en una cacerola con 1,5 l de agua y una cucharadita de sal. Tápelo y déjelo cocer a fuego lento unos 20 minutos. Remueva el arroz, destápelo y deje que se enfríe.

2 Prepare y lave las cebollas tiernas, corte la parte blanca en sentido diagonal en 4 trozos de unos 4 cm cada uno. Corte el solomillo de cerdo a rodajas y luego a tiras. Pele las escalonias y córtelas a rodajas finas. Pele el ajo y píquelo finamente.

3 Caliente a fuego vivo 3 cucharadas de aceite en el wok. Corte en forma de anillos la mitad de las escalonias y fríalas en el aceite sin dejar de remover hasta que adquieran un color dorado. Sáquelas del aceite y déjelas escurrir sobre papel de cocina. Vierta 2 cucharadas de aceite en el wok, agregue las tiras de carne y saltéelas 5 minutos sin dejar de remover hasta que estén cocidas.

4 Añada el resto de las escalonias, el ajo y las cebollas y dórelos brevemente. Agregue por último el arroz y saltéelo a fuego vivo y sin dejar de remover de 3 a 5 minutos, o hasta que se dore. Mientras, caliente en una sartén una cucharada de aceite, fría los huevos y sazone la clara con sal y pimienta.

5 Mezcle rápidamente el arroz frito con el ketjap benteng, el sambal oelek, la galanga, la sal y la pimienta. Ponga un huevo frito sobre cada porción de nasi goreng y esparza por encima las escalonias doradas.

54

Carne y pescado

Curry de marisco
con gambas y mango

En esta OCASIÓN el marisco se combina con fruta: dos sabores
muy diferentes convierten a este curry en un festín para el paladar.

Ingredientes

500 g de **marisco** congelado (por

ejemplo mejillones, gambas

o calamares)

2 **mangos**

3 cucharadas de **coco** rallado

unas 3 cucharadas de **leche**

de coco sin edulcorar

2 pizcas de **chile en polvo**

2 cucharadas de **curry en polvo**

1 **zanahoria** grande

2 **cebolletas**

3 **dientes de ajo**

2 tallos de **apio**

2 cucharadas de **aceite**

el zumo de ½ **limón**

5 cucharadas de **aceite de sésamo**

sal · pimienta

Preparación
PARA 4 PERSONAS

1 Descongele el marisco, lávelo y séquelo.

2 Pele los mangos, deshuéselos y corte la pulpa en lonchas de
aproximadamente 0,5 cm de grosor. Reduzca a puré con la
batidora la mitad de las lonchas de mango, el coco rallado,
la leche de coco, el chile en polvo, el curry y 3 cucharadas
de agua.

3 Pele la zanahoria, las cebollas y el ajo y córtelos en dados
pequeños. Lave los tallos de apio, pélelos y córtelos también
en dados pequeños. Aparte unas hojas de apio para la decoración.

4 Caliente el aceite en el wok o en una sartén grande y saltee los
dados de hortalizas. Añada el marisco y saltéelo brevemente;
añada a continuación el puré de mango y prosiga la cocción a
fuego lento unos 8 minutos. Si la salsa queda muy espesa deslíela
con la leche de coco o con agua.

5 Mezcle el curry con el zumo de limón, el aceite de sésamo, la sal
y la pimienta y decore la preparación con las lonchas de mango
restantes y las hojas de apio.

**Puede sustituir el surtido de marisco
por gambas o langostinos. En las
tiendas de congelados puede
encontrarlos hervidos o crudos.**

Piña rellena
de gambas

Para ocasiones especiales: las gambas bien fritas, acompañadas de una salsa aromática y servidas dentro de una piña vaciada, forman un plato muy decorativo.

Ingredientes

1 clara de huevo

4 cucharaditas de maicena

1 cucharadita de jengibre rallado

1 cucharadita de salsa de soja

1 cucharadita de curry en polvo

4-5 dientes de ajo

sal

500 g de gambas hervidas

2 piñas pequeñas

3 cucharadas de vinagre de vino blanco

1 ½ cucharadas de azúcar

2 cucharadas de ketjap manis (salsa de soja dulce indonesia)

pimienta de Cayena

5 cucharadas de caldo de verduras

800 ml de aceite para freír

1 cucharada de cilantro picado

Preparación
PARA 4 PERSONAS

1 Bata la clara de huevo a punto de nieve. Mézclela poco a poco con la maicena, el jengibre, la salsa de soja y el curry sin dejar de remover. Pele los ajos, píquelos y mézclelos con la clara y un poco de sal. Ponga las gambas en esta marinada y déjelas reposar tapadas en ella durante una media hora.

2 Corte la piña por la mitad a lo largo y vacíela dejando una pared un poco gruesa. Recoja el zumo obtenido durante la operación y corte la pulpa a trozos pequeños.

3 Prepare la salsa en un cazo mezclando 5 cucharadas de zumo de piña, el vinagre, el azúcar, el ketjap manis, la pimienta de Cayena, el caldo y el resto de la maicena, y llévelo a ebullición sin dejar de remover.

4 Caliente el aceite en una sartén o una freidora a 150 °C y fría las gambas de 1 a 2 minutos, sáquelas y póngalas a escurrir sobre papel de cocina.

5 Caliente 2 cucharadas de aceite para freír en el wok o una sartén. Vuelva a dorar las gambas brevemente antes de añadir los trozos de piña y la salsa. Sirva las gambas en la piña vacía y esparza por encima el cilantro.

Si el tiempo apremia puede emplear, en vez de piña fresca, 200 g de piña enlatada troceada. Sirva entonces las gambas con su salsa en una fuente.

Calamares

con tirabeques

Para los amantes de los sabores marinos: los calamares se saltean
en el wok con tirabeques crujientes condimentados con ajo.

Ingredientes

400 g de **calamares pequeños**

(sólo el cuerpo)

sal

200 g de **tirabeques**

400 g de **pimiento** verde

2 cucharadas de **aceite**

de sésamo

3 **dientes de ajo** picados

2 cucharaditas de

jengibre rallado

4 cucharadas de **salsa de**

soja clara

6 cucharadas de **salsa de ostras**

4 cucharadas de **vino de arroz**

⅛ de l de **caldo de ave**

1 ½ cucharadas de **maicena**

Preparación

PARA 4 PERSONAS

1 Lave los calamares, séquelos ligeramente y córtelos a tiras finas
alargadas. Blanquéelos brevemente, enjuáguelos en un colador
con agua fría y deje que se escurran.

2 Prepare y lave los tirabeques. Corte los pimientos a lo
largo, sáqueles las pepitas, lávelos y córtelos a tiras finas.

3 Caliente el aceite en el wok o una sartén grande y saltee el ajo
y el jengibre unos segundos. Añada las tiras de tirabeques y
los pimientos y saltéelo todo durante 12 minutos, sin dejar
de remover.

4 Mezcle la salsa de soja y la de ostras, el vino de arroz y el caldo
y caliéntelos 1 minuto a fuego lento. Deslíe la maicena en un poco
de agua sin dejar de remover, viértala en el recipiente, mezcle bien
y remueva.

5 Añada las tiras de calamar a las hortalizas, mézclelo todo bien,
caliente y rectifique la condimentación. Puede acompañar este
plato con arroz basmati.

**¿Desea dar una nota de color a este
plato? Es muy fácil, use pimiento rojo
o amarillo. Si no consigue tirabeques,
blanquee judías verdes o ramitos de
brécol.**

Calamares
sobre un lecho de hortalizas

Preparación
PARA 2 PERSONAS

1 Lave y seque los calamares. Entalle el cuerpo de forma romboidal y trocéelo.

2 Prepare y lave los tirabeques. Corte los pimientos por la mitad a lo largo, quíteles las semillas, lávelos y córtelos a tiras. Lave el pepino, divídalo por la mitad a lo largo, quítele las semillas y córtelo a tiras finas. Pele el ajo. Corte los chiles por la mitad a lo largo, quíteles las semillas y lávelos. Pique el ajo y los chiles muy finos. Lave la albahaca, séquela sacudiéndola, arranque las hojas y blanquee los troncos.

3 Dore los trozos de calamar en 2 cucharadas de aceite en el wok o una sartén. Añada los chiles y el ajo, saltee el conjunto unos 5 minutos más sin dejar de remover. Mezcle la salsa de soja con el zumo de 1 lima, saque los trozos de calamar y manténgalos al calor.

4 Saltee los tirabeques y las tiras de pimiento en el aceite restante. Añada las tiras de pepino y los brotes lavados previamente, y saltee el conjunto un momento. Añada por último los trozos de calamar e intercale las hojas de albahaca.

Ingredientes

500 g de **calamar** (sin los tentáculos)

150 g de **tirabeques**

1 **pimiento** amarillo y otro rojo

200 g de **pepino**

3 **dientes de ajo**

2 **chiles rojos**

1 manojo de **albahaca**

100 g de **brotes de soja**

5 cucharadas de **aceite de cacahuete**

3 cucharadas de **zumo de lima**

4 cucharadas de **salsa de soja** clara

Ingredientes

24 **hojas** grandes de **espinacas**

sal

250 g de **atún** fresco

1 cucharadita de **wasabi** (raiforte japonés)

Para la pasta de tempura:

80 g de **maicena**

1 cucharadita de **levadura en polvo**

2 **claras de huevo**

1 l de **aceite** para freír

Atún en gabardina
de tempura y espinacas

Preparación
PARA 4 PERSONAS

1 Blanquee las hojas de espinacas lavadas sumergiéndolas brevemente una tras otra en agua salada hirviendo; sáquelas con una espumadera; espárzalas sobre una fuente y separe los tallos. Corte el pescado en 4 trozos de tamaño similar y úntelos con el wasabi.

2 Superponga 6 hojas de espinaca solapándolas y ponga encima de cada una un trozo de atún. Doble los márgenes hacia dentro y enrolle con el relleno dentro.

3 Para preparar la tempura, mezcle la maicena y la levadura en polvo en un cuenco y añada 80 ml de agua fría sin dejar de remover. Bata la clara de huevo hasta que esté a punto de nieve y añádala a la preparación anterior. Caliente el aceite en el wok o una freidora a 180 °C, sumerja los rollos de espinaca y atún en la pasta y dórelos unos 3 minutos en el aceite. Sírvalos cortados al bies y acompáñelos al gusto con caviar o rábano rallado.

Laksa de pollo
y verduras

Fantásticamente aromático: en este típico plato malaisio,
la carne de pollo nada en una cremosa salsa de coco.

Ingredientes

1 diente de ajo · 1 cebolla pequeña

¼ de manojo de cilantro

2 chiles verdes

1 cucharadita de aceite

de cacahuete

½ cucharadita de pasta de gambas

2 pechugas de pollo fileteadas

50 g de fideos de arroz finos

1 cucharada de aceite de sésamo

1 cucharada de salsa de soja

1 cucharada de crema de coco

4 de leche de coco sin edulcorar

400 ml de caldo de ave · 2 limas

1 manojo grande de brotes de soja

1 gran manojo de hojas

de espinaca

½ pimiento rojo (cortado a tiras)

2 cebollas tiernas

Preparación
PARA 2 PERSONAS

1   Pele y pique el ajo y la cebolla. Lave el cilantro y séquelo
    sacudiéndolo; guarde unas hojas para la decoración y pique el
    resto. Corte los chiles por la mitad a lo largo, quíteles las pepitas
    y lávelos. Redúzcalos a puré con la pasta de gambas y el aceite de
    cacahuete en la batidora.

2   Lave los filetes de pollo y séquelos, pincélelos con la mitad
    del puré y déjelos reposar tapados unas horas en la nevera.

3   Corte a trocitos los fideos de arroz con unas tijeras y déjelos
    hervir.

4   Saque los filetes de la nevera y dórelos por ambos lados en una
    sartén con el aceite de sésamo. Añada el resto del puré, la salsa
    de soja, la crema de coco, la leche de coco, el caldo y el zumo
    y la piel rallada de la lima. Deje cocer a fuego lento de
    8 a 10 minutos. Añada la pasta de arroz escurrida, los brotes
    de soja lavados y las espinacas; déjelo cocer 1 minuto
    aproximadamente.

5   Prepare y lave las cebollas tiernas y córtelas a tiras. Lave la
    segunda lima, séquela y córtela a rodajas. Reparta la pasta en
    2 cuencos y cúbrala con la verdura y un poco de salsa y luego con
    los filetes de pollo y el resto de la verdura. Decórela con las tiras
    de cebolla tierna, las rodajas de lima y las hojitas de cilantro.

Pollo
agridulce

El pollo puede prepararse de muchas maneras: ésta es una receta típica en la que se aromatiza con piña y se especia con jengibre.

Ingredientes

1 nuez de jengibre

2 dientes de ajo

6 cucharadas de salsa de soja clara

4 cucharadas de vinagre de arroz

1 cucharadita de 5 especias

500 g de pechuga de pollo fileteada

1 manojo de cebollas tiernas

4 zanahorias

¼ de piña

2 cucharadas de aceite

400 ml de caldo de ave

3 cucharadas de tomate concentrado

2 cucharaditas de maicena

sal · pimienta

azúcar

Preparación
PARA 4 PERSONAS

1 Pele y pique finamente el ajo y el jengibre. Prepare el adobo con la salsa de soja, el vinagre de arroz y las 5 especias. Lave el pollo, séquelo, córtelo a trozos que quepan en la boca, mézclelo con el adobo y déjelo reposar tapado unos 30 minutos.

2 Prepare y lave las cebollas tiernas y córtelas en aros finos. Raspe las zanahorias, córtelas a tiras y luego en trozos pequeños.

3 Saque el pollo del adobo y saltéelo sin dejar de remover en el wok con el aceite caliente; luego añada los aros de cebolla y las tiras de zanahoria.

4 Mezcle el adobo con el caldo, el tomate concentrado, la maicena y el pollo y llévelo a ebullición. Añada los trozos de piña, sazone con sal, pimienta y azúcar, y prosiga la cocción unos minutos más a fuego lento. Puede acompañar este plato con arroz basmati.

Este plato no es sólo para invitados: puede emplear filetes de pechuga de pavo en vez de pollo. Córtelos a tiras pequeñas y saltéelos rápidamente para que el interior quede rosado.

Ragú de pollo
al estilo indio

Preparación
PARA 4 PERSONAS

1 Lave y seque los filetes y córtelos a tiras pequeñas. Prepare un adobo con la piel y el zumo del limón, el sambal oelek, el azúcar, la sal, la pimienta y el cilantro. Mezcle la carne con el adobo y déjela reposar unos 20 minutos.

2 Prepare y lave las cebollas tiernas, cuartee la parte blanca y luego córtela a trozos de unos 3 cm de largo. Prepare, lave y corte por la mitad las judías, hiérvalas en agua salada 10 minutos. Póngalas en un colador, páselas bajo el chorro del agua fría y déjelas escurrir.

3 Saque la carne del adobo y saltéela en el wok con el aceite caliente. Dore el ajo y las cebollas tiernas. Añada el jengibre, la cúrcuma, el curry, el resto del adobo y la leche de coco y deje cocer el conjunto a fuego lento unos 5 minutos.

4 Ponga las judías en la sartén y rectifique la condimentación. Adorne el plato con las hojitas de cilantro.

70

Ingredientes

4 **filetes de pechuga de pollo** pequeños

la piel rallada de ½ **limón**

1 cucharada de **zumo de limón**

1 cucharadita de **sambal oelek**

1 cucharadita de **azúcar · sal · pimienta**

½ cucharadita de **semillas de cilantro** molidas

3 **cebollas** tiernas · 300 g de **judías verdes**

4 cucharadas de **aceite de sésamo**

2 **dientes de ajo** picados

1 cucharadita de **jengibre** rallado

1 cucharadita de **cúrcuma** molida

1 cucharada de **curry en polvo**

375 ml de **leche de coco** sin edulcorar

unas **hojitas de cilantro**

Ingredientes

250 g de **fideos** verdes japoneses

1 cucharada de **miel** líquida

4 cucharadas de **salsa de soja**

½ cucharadita de **sambal oelek**

2 filetes de **pechuga de pato** (unos 600 g)

3 cucharadas de **aceite**

sal

2 cucharadas de **zumo de limón**

50 ml de **caldo de ave**

1 **cebolla** tierna

Tiras de pato
sobre pasta verde

Preparación
PARA 4 PERSONAS

1 Hierva los fideos siguiendo las instrucciones del paquete, póngalos en un colador, páselos por agua fría y déjelos escurrir.

2 Mezcle a fondo en un cuenco la miel, la salsa de soja y el sambal oelek para el adobo. Corte los filetes de pato a tiras y añádalas al cuenco con el adobo y manténgalas tapadas unos 30 minutos. Saque la carne y déjela escurrir. Reserve el adobo.

3 Dore la pechuga de pato en el wok o en una sartén con el aceite caliente, sazone con la sal y el zumo de limón, sáquela del fuego y resérvela al calor. Añada el caldo, el resto del adobo y la pasta y caliente el conjunto.

4 Prepare y lave las cebollas tiernas y córtelas a rodajas. Forme nidos con la pasta y corónelos con las tiras de pechuga de pato. Esparza los aros de cebolla por encima y decore el plato al gusto con hojitas de *shiso* o perejil.

Curry de cordero
con espinacas

Es la clásica unión india: la suave carne de cordero se guisa
a fuego lento, se acompaña con espinacas y se corona con yogur fresco.

Ingredientes

600 g de hojas de **espinacas**

400 g de **carne de cordero**

(lomo o pierna)

4 **cebollas**

2 **dientes de ajo**

1 nuez de **jengibre**

2 cucharadas de **aceite**

½ cucharadita de **chile en polvo**

1 cucharadita de **comino**

1 cucharadita de **cardamomo**

otra de **semillas de cilantro**

1 cucharada de **cúrcuma** molida

½ cucharada de **semillas**

de alcaravea

¼ de cucharada de **pimienta**

de Cayena

200 g de **yogur cremoso**

sal

Preparación
PARA 4 PERSONAS

1 Prepare y lave las espinacas, separe los tallos duros, blanquéelas en agua hirviendo y escúrralas. Póngalas en un colador, páselas por agua fría y deje que se escurran.

2 Corte la carne de cordero en dados que quepan en la boca. Pele la cebolla y los ajos y córtelos a tiras. Pele el jengibre y píquelo finamente.

3 Caliente el aceite en un wok o una sartén grande y saltee la cebolla sin dejar de remover. Añada luego la carne de cordero, el jengibre y el ajo y saltéelos hasta que estén dorados.

4 Añada las especias y dórelas ligeramente. Vierta 300 ml de agua y deje que cueza unos 20 minutos con el recipiente tapado a fuego lento, sin dejar de remover de vez en cuando. Añada las espinacas; prosiga la cocción unos 10 minutos y, finalmente, unos 5 minutos más a fuego vivo, con el recipiente destapado.

5 Bata el yogur, agregue la mitad al curry, mezcle bien, sazone con sal y caliente ligeramente. Acompañe el resto del yogur con el curry. Puede servir este plato con arroz basmati.

Solomillo de cerdo
salteado

Un pequeño paso es un gran adelanto: el salteado se hace en un momento y tiene un sabor tan incomparable que quien lo degusta nunca se siente saciado.

Ingredientes

400 g de **solomillo de cerdo**

3 cucharadas de **salsa de ostras**

½ cucharadita de **pimienta**

175 g de **brotes de bambú**

(de lata)

100 g de **hojas de espinacas** fres-

cas

5 cucharadas de **aceite**

de sésamo

1 cucharada de **pasta de curry**

amarilla

2 cucharaditas de **azúcar**

2 cucharadas de **zumo de lima**

1 lima

Preparación
PARA 4 PERSONAS

1 Corte la carne a trozos de un bocado, mézclela con la salsa de ostras y la pimienta y déjela reposar unos 15 minutos.

2 Enjuague los brotes de bambú y escúrralos. Limpie las espinacas y deje que se escurran; corte el tallo duro.

3 Caliente aceite en un wok o una sartén, ponga en él la carne y dórela a fuego vivo unos 2 minutos sin dejar de remover. Añada la pasta de curry y mézclela bien; incorpore luego las tiras de bambú y las espinacas. Espolvoree con el azúcar, rocíe con el zumo de la lima y saltee a fuego vivo sin dejar de remover unos 2 minutos.

4 Lave la lima, séquela y córtela a rodajas. Reparta la preparación en 4 cuencos y decore el solomillo con las rodajas de lima. Puede acompañar este plato con arroz basmati.

Puede cocinar este plato con otro tipo de carne, como la de ternera. En dicho caso, utilice 3 cucharadas de pasta de curry roja, en vez de amarilla.

Ternera
a la naranja

Preparación

1 Lave el arroz a fondo y hiérvalo en una cacerola con el doble de su volumen en agua, sálelo y déjelo cocer tapado y a fuego lento unos 20 minutos.

2 Lave la naranja, séquela, pele la piel finamente y córtela a tiras finas, retire los restos de membrana blanca, filetee la pulpa y recoja el zumo. Prepare las cebollas tiernas, lávelas y córtelas en aros. Corte la carne en lonchas diagonales que quepan en la boca, saltéelas en el wok o la sartén con aceite caliente durante unos

3 minutos sin dejar de remover. Reserve la carne al calor.

3 Agregue la parte blanca de las cebollas tiernas al aceite de la carne y saltéela. Añada el zumo de naranja, la salsa de soja y la miel, déjelo cocer a fuego vivo hasta que la salsa adquiera una consistencia almibarada; sazone. Añada la carne al recipiente, caliéntela bien e incorpore la parte verde de las cebollas. Ponga la carne sobre el arroz y esparza la piel de naranja.

76

Ingredientes

100 g de **arroz basmati**

sal

1 **naranja**

2 **cebollas** tiernas

300 g de **carne de ternera** (para saltear)

pimienta

2 cucharadas de **aceite de sésamo**

150 ml de **zumo de naranja**

1 cucharada de **salsa de soja** clara

1 cucharada de **miel** líquida

Ingredientes

1 **pimiento rojo**

4 **dientes de ajo**

6 cucharadas de **salsa de soja**

4 cucharaditas de **zumo de lima**

8 cucharadas de **salsa de pescado**

1 cucharadita de **pimienta blanca**

150 ml de **caldo de carne**

1 cucharadita de **maicena**

500 g de **solomillo de cerdo**

2 cucharadas de **aceite**

200 g de **fideos**

sal · ½ manojo de **cebollas** tiernas

Cerdo
agridulce

Preparación
PARA 4 PERSONAS

1 Corte el pimiento por la mitad a lo largo, quítele las semillas, lávelo y píquelo a dados pequeños. Pele los ajos y píquelos finos. Mezcle a fondo la salsa de soja, el zumo de lima, la salsa de pescado, la pimienta, el caldo y la maicena con el ajo y el pimiento. Deje reposar la carne en este adobo 30 minutos.

2 Precaliente el horno a 180 °C. Saque la carne del adobo, déjela escurrir y saltéela rápidamente en una sartén con aceite caliente a fuego moderado. Ásela unos 15 minutos en el horno; pasados 10 minutos vierta encima el adobo.

3 Hierva los fideos en agua salada siguiendo las instrucciones del paquete. Prepare y lave las cebollas tiernas y corte a rodajas la parte blanca y la parte verde. Aderece la pasta con el adobo y corte la carne a lonchas. Distribuya la carne y la pasta en cuencos y decore el plato con las rodajas de la parte verde de las cebollas tiernas.

Ternera
con cebollas tiernas

No siempre debe haber arroz: aquí las lonchas de ternera maceradas
se sirven acompañadas de pasta y cebollas tiernas especiadas con jengibre.

Ingredientes

500 g de **filete de ternera**

4 cucharadas de **aceite**

2 cucharadas de **salsa de soja**

½ cucharadita de **pimienta**

½ manojo de **cebollas** tiernas

1 **diente de ajo**

200 g de **pasta de arroz** fina

sal

1 cucharadita de **jengibre** rallado

4 cucharadas de **salsa de ostras**

4 cucharadas de **vino de arroz**

2 cucharadas de **cacahuetes**

picados sin salar

Preparación
PARA 4 PERSONAS

1 Corte la carne en sentido contrario a las fibras, en trozos que quepan en la boca. Prepare un adobo con 2 cucharadas de aceite, la salsa de soja y la pimienta y mézclelo con la carne cortada a lonchas. Déjela reposar tapada unos 30 minutos.

2 Prepare y lave las cebollas tiernas y cuartee la parte blanca a trozos de unos 4 cm de largo. Pele el ajo y píquelo finamente. Precaliente el grill del horno.

3 Saque la ternera del adobo, deje que se escurra y póngala sobre la rejilla del horno untada en aceite. Deslícela bajo el grill caliente y ásela por ambos lados.

4 Hierva la pasta de arroz siguiendo las instrucciones del paquete, pásela por el chorro de agua fría y déjela escurrir.

5 Caliente el resto del aceite en el wok o la sartén y saltee las cebollas tiernas con el jengibre y el ajo. Añada la salsa de ostras y el vino de arroz y saltee unos 2 minutos más a fuego medio.

6 Ponga la pasta en cuencos, cúbrala con la carne y las cebollas tiernas y luego esparza los cacahuetes por encima. Antes de servir la ternera, espolvoree por encima unas hojitas de cilantro.

Si no tiene prisa, deje adobar la carne un poco más de tiempo. Quedará más blanda y aromatizada.

Fondue asiática
de carne con mojos

La *fondue* también tiene su tradición en los círculos sociales del Lejano Oriente:
los trozos de carne se cuecen en el caldo y se mojan en las salsas especiadas.

Ingredientes

2 trozos de **jengibre** del tamaño

de una nuez · 1 **zanahoria**

12 cucharadas de **aceite de sésamo**

4 **chiles** · 7 **dientes de ajo**

7 cucharadas de **salsa de soja**

1 ½ l de **caldo de carne** o de ave

50 g de **semillas de sésamo**

1 cucharada de **miel**

3 cucharadas de **vinagre de fruta**

1 **escalonia** · el zumo de 2 **limas**

4 cucharadas de **ketchup** · **sal**

100 g de **yogur natural**

1 cucharada de **chutney de mango**

1 cucharadita de **curry en polvo**

1 cucharada de **coco** rallado

1 cucharada de **cilantro** picado

800 g de **filetes de pechuga de**

pavo, **ternera** o **buey** · **pimienta**

Preparación

1 Pele la zanahoria y el trozo de jengibre y córtelos a tiras finas.
Caliente el caldo con la zanahoria, el jengibre, 5 cucharadas
de aceite de sésamo, 2 chiles, 4 dientes de ajo sin pelar
y 4 cucharadas de salsa de soja durante unos 15 minutos
a fuego lento.

2 Mientras, mezcle a fondo 5 cucharadas de aceite de sésamo,
la miel, el vinagre y el resto de la salsa de soja.

3 Pele la escalonia y el resto de los ajos y píquelos finamente. Pele
el segundo trozo de jengibre y rállelo finamente. Parta a lo
largo el resto de los chiles, quíteles las semillas, lávelos y córtelos
a tiras finas. Mezcle la escalonia, el ajo, el jengibre y los chiles
con el zumo de lima y el ketchup y sazone con sal y pimienta.

4 Mezcle el yogur con el resto del aceite de sésamo, el chutney
de mango, el curry, el coco rallado y el cilantro para obtener una
salsa; luego añada sal y pimienta.

5 Corte la carne en dados de 1 cm de grosor. Vierta el caldo en
un recipiente de *fondue* y manténgalo caliente sobre la mesa.
Ponga las salsas en cuencos pequeños.

6 Lleve la carne a la mesa, introdúzcala en el caldo unos minutos
y luego mójela en las salsas frías.

Postres

Lassi de mango
y papaya

Realmente refrescante: ya sea como aperitivo o como postre después de una comida picante, esta deliciosa bebida aporta vitaminas a los *gourmets*.

Ingredientes

1 papaya

1 **mango** maduro

2 cucharadas de **zumo de lima**

los granos de ½ **vainilla**

2 cucharaditas de **miel**

375 ml de **suero de leche**

4 cucharadas de **yogur natural**

Preparación
PARA 4 PERSONAS

1 Parta la papaya, sáquele las semillas, pélela y corte algunas rodajas para la decoración; corte a dados el resto de la pulpa. Pele el mango, separe la pulpa del hueso y córtela también a dados.

2 Junte los dados de papaya y de mango y mézclelos con el zumo de lima, los granos de vainilla, la miel y el suero. Reduzca la mezcla a puré en la batidora.

3 Llene los vasos con el lassi y vierta encima el yogur y algunas semillas de papaya. Sírvalo decorado con los trozos de papaya.

Puede preparar el lassi con el yogur **como** ingrediente principal, de manera **que al** añadir un poco de agua todo **quede** más líquido. El lassi de menta **es muy** apetitoso: se prepara batiendo **yogur,** agua, hojitas de menta y azúcar.

Arroz con coco
y mango

Final tropical: un arroz cremoso y perfumado
con una pizca de coco y adornado con mango fresco.

Ingredientes

250 g de **arroz glutinoso**

sal

1 pizca de **azafrán en polvo**

2 cucharaditas de **mango en polvo**

100 g de **azúcar**

250 g de **crema de coco**

1 **mango** maduro

Preparación
PARA 4 PERSONAS

1 Lave el arroz bajo el chorro del agua fría. Mézclelo en una cacerola con el doble de su volumen en agua ligeramente salada y el azafrán y el mango en polvo. Llévelo a ebullición y déjelo cocer en el recipiente unos 20 minutos; remueva de vez en cuando.

2 Caliente la crema de coco con una pizca de sal a fuego lento sin dejar de remover y resérvela. Lave el mango, pélelo, quítele el hueso y corte la pulpa a rodajas.

3 Sirva el arroz de frutas con la crema de coco y decórelo con las tiras de mango sobre el plato.

El mango en polvo no se usa sólo en los postres sino también en curries, a los que da un aroma a fruta. Los fermentos naturales del polvo de mango hacen que tanto el pescado como la carne queden maravillosamente tiernos.

Peras al licor de ciruela
con gelatina de naranja

Preparación

PARA 2 PERSONAS

1 Remoje la gelatina con agua fría. Caliente el almíbar de mango y el zumo de naranja en un cazo pequeño y deslíe en él la gelatina. Vierta en un molde rectangular de papel de aluminio la mezcla anterior y resérvela en la nevera durante aproximadamente 1 hora.

2 Caliente el licor de ciruelas en un cazo. Pele la pera, pártala por la mitad, quítele las semillas y córtela a modo de abanico. Ponga con sumo cuidado las mitades en el cazo y cúbralas totalmente con agua caliente. Déjelas cocer a fuego moderado hasta que éstas estén tiernas, pero sin que se deshagan.

3 Saque del frigorífico la gelatina de naranja de la nevera y córtela en dados pequeños. Corte con un cuchillo una parte de la gelatina dándole una forma fantasiosa.

4 Sirva las peras en forma de abanico en un plato y decórelas con la gelatina.

Ingredientes

3 láminas de **gelatina** blanca

$1/8$ de l de **zumo de naranja**

2 cucharadas de **almíbar de mango**

100 ml de **licor de ciruela**

1 **pera**

88

Ingredientes

150 ml de **leche**

150 g de **crema de coco**

4 **yemas de huevo**

100 g de **azúcar**

2 cl de **ron** blanco

2 cl de **licor de coco**

500 g de **crema de leche**

1 **piña**

Helado de coco
y piña

Preparación
PARA 6 PERSONAS

1 Caliente en un cazo la leche con la crema de coco. Bata en un cuenco las yemas de huevo con el azúcar hasta que estén espumosas, vierta la mezcla de leche y bata bien.

2 Ponga la mezcla anterior al baño maría. Aromatícela con ron y el licor de coco. Bata la crema hasta que esté consistente y mézclela con cuidado con la preparación elaborada con yemas.

3 Llene un molde metálico rectangular con la preparación y póngalo en el congelador al menos durante 2 horas.

4 Pele la piña, córtela por la mitad, quítele el corazón y corte la pulpa a rodajas finas. Moldee el helado con una cuchara o con el utensilio para hacer bolas de helado y póngalo sobre la piña.

Raita de melocotón
y pera al jengibre

¿Le apetece algo dulce? En India, las raitas son de hecho un acompañamiento refrescante en las comidas, pero también son un postre magistral.

Ingredientes

2 melocotones

2 peras

2 cucharadas de **azúcar**

zumo de un **limón**

600 g de **yogur cremoso**

2 cucharaditas de **jengibre** rallado

1 cucharada de **miel** líquida

5 cucharadas de **crema de leche**

¼ de cucharadita de **jengibre** molido

Preparación
PARA 4 PERSONAS

1 Escalde los melocotones en agua caliente, pélelos, pártalos por la mitad, deshuéselos y corte la pulpa en trozos pequeños. Pele la pera, cuartéela, quítele las semillas y córtela en trozos pequeños.

2 Mezcle los trocitos de pera y melocotón con el azúcar y 2 cucharadas de zumo de limón y déjelo reposar unos minutos.

3 Mezcle el yogur con el resto del zumo de limón, el jengibre, la miel y la crema de leche. Reserve unos trozos de fruta para la decoración y mezcle el resto con el yogur. Espolvoree el postre con el jengibre molido y adórnelo con los trozos de fruta reservados.

Esta raita, pero hecha con mango y lichis, tiene un sabor inolvidable. Pruébelo también, tal como manda la tradición, como acompañamiento frío de un cocido de lentejas asiático.

Macedonia
de piña rellena de frutas

Preparación
PARA 4 PERSONAS

1 Corte las piñas por la mitad a lo largo con el penacho verde incluido y separe la pulpa de la corteza. Divídala en trozos y ponga las piñas vacías sobre una fuente. Reserve los trozos.

2 Pele los plátanos y córtelos a rodajas finas. Pele el mango, deshuéselo y trocéelo. Pele los rambutanes o los lichis, pártalos por la mitad y deshuéselos. Mezcle las frutas con cuidado.

3 Caliente el azúcar de palma con un poco de agua hasta que se disuelva, añada el zumo de lima y deje reposar la mezcla unos minutos. Vierta el almíbar de azúcar sobre la fruta y mézclelo todo con cuidado. Llene con esta macedonia las cortezas de las piñas y póngalas en platos.

4 Pele los kiwis y córtelos en rodajas, abra la piel del alquequenje y lave el fruto. Decore el plato con las rodajas de kiwi y los alquequenjes y por encima tiritas finas de piel de lima.

Ingredientes

2 **piñas** mini

2 **plátanos** pequeños

½ **mango** maduro

100 g de **rambután** o lichis

30 g de **azúcar de palma** o moreno

1 cucharada de **zumo de lima**

2 **kiwis**

8 **alquequenjes**

Ingredientes

60 g de **azúcar de palma** o **moreno**

3 **huevos**

350 ml de **leche de coco**

1 pizca de **nuez moscada** rallada

1 pizca de **pimienta de Jamaica**

y **cardamomo** molido

2 cucharadas de **pistachos**

aceite para los moldes

canela en polvo

azúcar lustre

Flan de coco
y pistachos

Preparación
PARA 4 PERSONAS

1 Disuelva el azúcar de palma con agua caliente. Bata los huevos y mézclelos con el azúcar disuelto, la leche de coco, la nuez moscada, la pimienta de Jamaica y el cardamomo.

2 Precaliente el horno a 200 °C. Vierta de 3 a 4 cm de agua en una fuente refractaria honda y caliéntela en el horno.

3 Pique los pistachos groseramente. Unte con aceite moldes individuales refractarios. Ponga en el fondo los trozos de pistacho y llénelos con la mezcla de leche, coco y huevos. Déjelos cocer al baño maría durante más o menos 1 hora.

4 Saque los moldes del horno, déjelos enfriar unos minutos y resérvelos 3 horas en la nevera. Separe los bordes de los flanes con la punta de un cuchillo y vuélquelos en platos de postre. Decórelos al gusto con coco fresco, espolvoréelos con azúcar lustre y canela y sírvalos a continuación.

Sorbete de té verde,
menta y ron

Una exquisitez que nadie quiere perderse: un sorbete siempre queda bien, especialmente cuando desprende un intenso aroma a té verde y menta.

Ingredientes

½ lámina de **gelatina** blanca

125 g de **azúcar**

20 g de **té verde**

25 g de **hojas de menta**

85 g de **glucosa**

⅛ de l de **zumo de limón**

100 g de **crema de leche**

2 cucharadas de **ron** blanco

Preparación
PARA 4 PERSONAS

1 Remoje la gelatina con agua fría. Hierva en un cazo pequeño ½ l de agua con el azúcar y retírelo del fuego. Añada al agua las hojas de té, menta y la glucosa, y mézclelo bien.

2 Deje reposar el cazo tapado de 8 a 10 minutos y luego filtre su contenido. Exprima la gelatina y mézclela con el líquido anterior y el zumo de limón. Deje enfriar la preparación.

3 Cuando ya esté fría, mézclela con la crema de leche y el ron. Viértala en un molde plano metálico y póngalo en el congelador. Remueva bien el helado cada hora con un tenedor. Forme las bolas de sorbete con una cuchara o un aparato especial y sírvalas en los cuencos individuales.

Los sorbetes son, tomados como postre, el punto culminante de una comida. También se pueden tomar entre un plato y otro como un elemento refrescante. Neutralizan el sabor y relajan el estómago.